Anxiété relationnelle : Guérir pour aimer sainement

Harmonie J.

Chapitre 1 : Comprendre l'anxiété relationnelle

L'anxiété relationnelle est une forme d'insécurité émotionnelle qui peut envahir le quotidien des relations affectives. Elle se manifeste par la peur d'être abandonné, le besoin excessif de réassurance, ou encore la tendance à suranalyser les moindres faits et gestes de l'autre. Ce chapitre pose les bases : reconnaître que ces émotions ne sont pas une fatalité, mais des signaux que quelque chose demande à être guéri en soi.

Chapitre 2 : Les racines profondes de l'anxiété relationnelle

Ce chapitre explore les origines souvent inconscientes de l'anxiété : blessures d'attachement durant l'enfance, traumatismes amoureux passés, modèles familiaux instables. En comprenant d'où viennent ces peurs, on apprend à ne plus leur donner les clés de nos relations présentes.

Chapitre 3 : Reconnaître ses propres schémas relationnels

Nous répétons souvent les mêmes dynamiques sans nous en rendre compte. Ce chapitre invite à identifier ces schémas (attirer des partenaires indisponibles, idéaliser l'autre, se négliger soi-même) et à les déconstruire progressivement. Il s'agit ici de devenir acteur conscient de son propre parcours amoureux.

Chapitre 4 : L'auto-critique et ses effets sur la relation

Une voix intérieure dure et jugeante entretient souvent l'anxiété relationnelle. Ce chapitre aborde la manière dont l'estime de soi fragilisée peut miner une relation, et propose des pratiques de compassion envers soi pour apprendre à s'aimer au lieu de s'auto-saboter.

Chapitre 5 : Les signes de l'anxiété relationnelle

Ce chapitre dresse la liste des comportements courants : jalousie excessive, besoin constant de validation, peur irrationnelle de la rupture, surveillance de l'autre... En les reconnaissant, on peut cesser de les confondre avec de l'amour.

Chapitre 6 : Guérir à travers la communication authentique

Parler vrai, sans agressivité ni passivité, est une clé pour désamorcer les tensions. Ce chapitre explore les bases de la communication non violente, l'importance de l'écoute active, et le courage d'exprimer ses besoins sans accuser l'autre.

Chapitre 7 : Apprivoiser la solitude intérieure

Apprendre à se sentir complet même en dehors d'une relation. Ce chapitre est une invitation à se reconnecter à soi-même, à ses passions, à sa valeur intrinsèque. La solitude devient alors une alliée, non plus une ennemie.

Chapitre 8 : Reprogrammer ses pensées anxieuses

Changer son dialogue intérieur : remplacer les « je ne suis pas assez bien » ou « il va partir » par des pensées apaisantes et ancrées dans la réalité. Ce chapitre propose des exercices concrets pour transformer les pensées anxiogènes.

Chapitre 9 : Le rôle du corps dans la guérison émotionnelle

L'anxiété relationnelle n'est pas qu'émotionnelle : elle est aussi physique. Ce chapitre aborde l'importance de la respiration, du mouvement, de la méditation, et de la pleine conscience pour apaiser le système nerveux.

Chapitre 10 : L'amour sain existe

Contrairement aux relations marquées par l'anxiété, l'amour sain repose sur la confiance, le respect, la liberté et la sécurité. Ce chapitre décrit les piliers d'une relation équilibrée et les signes concrets qu'on y est.

Chapitre 11 : Laisser partir ce qui n'est plus aligné

Parfois, guérir demande aussi de dire adieu. Ce chapitre parle des relations qui ne peuvent pas offrir un cadre sécurisant, et du courage de s'en éloigner pour faire place à l'amour véritable, y compris envers soi-même.

Chapitre 12 : Les relations comme miroirs de guérison

Toute relation nous enseigne quelque chose. Ce chapitre montre comment utiliser les conflits et les inconforts comme des opportunités de croissance personnelle, plutôt que comme des preuves d'échec.

Chapitre 13 : Se reconstruire après une rupture douloureuse

Une rupture dans le contexte de l'anxiété relationnelle peut être un séisme intérieur. Ce chapitre offre des étapes de reconstruction : de l'effondrement à la résilience, de la perte à la renaissance.

Chapitre 14 : Créer une relation avec soi solide et aimante

Ce chapitre centralise l'idée que la relation la plus importante est celle que l'on entretient avec soi-même. Il s'agit de devenir son propre pilier, son propre refuge, son propre amour inconditionnel.

Chapitre 15 : Aimer mieux, en conscience

Dernier chapitre, il invite à aimer différemment : avec conscience, équilibre, respect mutuel. Un amour qui ne demande pas de se perdre, mais qui permet de se retrouver, ensemble et séparément.

Chapitre 1 : Comprendre l'anxiété relationnelle

L'anxiété relationnelle est une émotion complexe, souvent invisible aux yeux des autres, mais profondément ressentie par celui ou celle qui la vit. Elle se manifeste sous des formes variées : un besoin constant de réassurance, une peur excessive de la séparation, une hypersensibilité aux silences ou aux changements d'habitude de l'autre, ou encore une tendance à suranalyser les paroles et les comportements du partenaire.

Mais que se cache-t-il derrière cette forme d'anxiété si particulière ? Avant tout, une peur. Celle de ne pas être aimé tel que l'on est. Une peur d'être abandonné, remplacé, ou de ne pas suffire. Une peur viscérale qui remonte souvent à des expériences passées, parfois très anciennes.

Dans ce chapitre, nous posons les fondations. Il est essentiel de comprendre que l'anxiété relationnelle n'est pas une faiblesse, ni une fatalité. C'est un signal. Un appel intérieur à prendre soin de soi. À aller voir là où ça fait mal, non pas pour s'en vouloir, mais pour guérir.

Cette anxiété peut frapper même dans une relation stable. On peut aimer et être aimé, et malgré tout, douter. Craindre la perte, imaginer le pire, chercher des preuves d'amour encore et encore. C'est épuisant. C'est douloureux. Et pourtant, c'est possible d'en sortir.

Dans ce chapitre, tu es invité(e) à :

Reconnaître les signes d'une anxiété relationnelle dans ta propre vie.

Comprendre que tu n'es pas seul(e) dans ce vécu.

Te détacher de la honte qui peut l'accompagner.

Admettre que ce mal-être ne vient pas de ton partenaire, mais de quelque chose en toi qui demande attention et réparation.

C'est le début d'un chemin vers plus de clarté, plus d'amour – d'abord pour toi-même.

Chapitre 2 : Les racines profondes de l'anxiété relationnelle

L'anxiété relationnelle ne surgit pas sans cause. Elle est souvent le reflet d'un passé non guéri, d'un système émotionnel qui a appris, dès l'enfance ou à travers des expériences marquantes, que l'amour peut être conditionnel, instable ou source de douleur.

1. L'attachement dans l'enfance : Dès les premiers mois de vie, notre manière de nous attacher aux figures parentales construit une base : c'est ce qu'on appelle le style d'attachement. Si, enfant, tu as grandi avec un parent distant, imprévisible, absent émotionnellement ou surprotecteur, tu as peut-être intégré que l'amour était incertain ou qu'il fallait se méfier de l'abandon. Ces mécanismes

précoces influencent profondément nos relations adultes.

2. Les blessures de rejet et d'abandon : Être ignoré, rabaissé, ou se sentir « de trop » dans une relation passée ou dans l'enfance laisse des cicatrices invisibles. Ces blessures nous rendent hypersensibles au moindre signe de distance ou de froideur dans le présent. Le cerveau, pour se protéger, anticipe la douleur, même lorsqu'elle n'est pas réelle.

3. Les modèles parentaux ou familiaux dysfonctionnels : Si, dans ton enfance, tu as observé un amour conflictuel, instable ou toxique entre tes parents ou autour de toi, tu as peut-être intégré que l'amour rime avec inquiétude ou tension. Ces modèles deviennent des références inconscientes que l'on rejoue malgré

nous, jusqu'à ce qu'on en prenne conscience.

4. Les relations passées : Un(e) ex infidèle, un partenaire manipulateur, ou une relation qui s'est arrêtée sans explication peuvent laisser un traumatisme émotionnel profond. L'anxiété relationnelle peut alors surgir dans une nouvelle relation, même si elle est saine, car le corps et l'esprit n'ont pas encore désactivé l'alerte du danger passé.

5. L'absence de validation émotionnelle : Quand on a grandi dans un environnement où nos émotions étaient ignorées, minimisées, ou moquées, on peut développer un doute profond envers notre valeur. Ce doute se manifeste ensuite par la peur que l'autre ne nous trouve « pas assez » — pas assez aimable, attirant(e), intelligent(e), intéressant(e)...

Ce chapitre t'invite à prendre un moment de douceur et de lucidité. Il ne s'agit pas d'accuser ton passé ou de te blâmer, mais de reconnaître avec honnêteté ce qui a pu fragiliser ton rapport à l'amour.

Car pour guérir, il faut d'abord comprendre.

Chapitre 3 : Reconnaître ses propres schémas relationnels

Guérir de l'anxiété relationnelle commence par un acte courageux : observer, sans jugement, la manière dont tu vis tes relations. Quels comportements répètes-tu ? Quelles pensées surgissent quand tu te sens insécurisé(e) ? Quels automatismes prennent le dessus, même quand tu sais qu'ils te nuisent ?

1. Les schémas, ces boucles invisibles :
Un schéma relationnel est une répétition inconsciente d'un mode de fonctionnement. Il peut s'agir de se mettre toujours avec des personnes distantes, de vouloir sauver l'autre, de s'effacer pour plaire ou, au contraire, de tester constamment l'amour de l'autre par peur de le perdre.

2. Les pensées automatiques :
L'anxiété relationnelle nourrit des pensées récurrentes :

"Il va se lasser."

"Elle mérite mieux que moi."

"S'il/elle ne répond pas tout de suite, c'est qu'il y a un problème."

Ces pensées semblent logiques sur le moment, mais elles proviennent souvent d'un filtre émotionnel biaisé par la peur.

3. Les comportements de compensation :
Tu peux te surprendre à envoyer plusieurs messages pour vérifier, à relire des conversations pour te rassurer, à poser des questions subtiles pour obtenir une validation, ou à éviter de t'exprimer par peur de déranger. Ces comportements,

bien que compréhensibles, renforcent l'anxiété au lieu de la calmer.

4. Le piège des relations "miroir" :
Souvent, on attire ou on est attiré par des personnes qui réveillent nos blessures — pas parce qu'on les cherche volontairement, mais parce que ces dynamiques nous sont familières. Ce sont des "miroirs" : elles nous montrent là où on a encore à guérir.

5. Identifier ses déclencheurs :
Certaines situations déclenchent ton anxiété relationnelle : le silence, un changement d'habitude, un désaccord, ou un ton plus froid que d'habitude. Identifier ces déclencheurs permet de prendre du recul et de ne plus réagir automatiquement.

Ce chapitre est une invitation à devenir observateur de toi-même. Ce n'est pas un exercice de jugement, mais de conscience. En reconnaissant tes schémas, tu te donnes enfin le pouvoir de les transformer.

Chapitre 4 : Quand l'amour devient source d'angoisse

L'amour est censé être un refuge. Un espace où l'on se sent vu, entendu, choisi. Pourtant, pour beaucoup de personnes qui vivent avec une anxiété relationnelle, aimer — ou être aimé — devient paradoxalement une source de tension, de stress, voire de douleur.

1. Le paradoxe de l'amour anxieux :
Tu veux être proche de l'autre, mais dès que l'intimité grandit, une peur s'installe. Peur d'être abandonné(e), peur de ne pas être à la hauteur, peur de trop donner ou de ne pas assez recevoir. Chaque moment de bonheur est vite rattrapé par une pensée qui murmure : "Et si tout s'arrêtait demain ?"

2. La dépendance émotionnelle :
Quand ton bien-être dépend entièrement des réactions, des mots ou de l'attention de l'autre, tu perds ton centre. Une minute sans réponse devient une tempête intérieure. Tu vis dans l'attente d'un message, d'un signe rassurant. L'amour, au lieu d'apaiser, crée une insécurité constante.

3. La surinterprétation et le contrôle :
L'anxiété pousse à scruter les moindres gestes, silences, mots. Un changement de ton, un message plus court, une story non regardée... tout devient matière à inquiétude. Tu cherches à tout comprendre, tout contrôler, mais plus tu t'accroches, plus l'autre s'éloigne ou se ferme.

4. Le corps en alerte :
L'amour anxieux n'est pas qu'un tourment mental. Il s'incarne dans le corps : boule au ventre, tension, insomnie, perte d'appétit, palpitations. Ton système nerveux perçoit l'amour comme une zone à risque, et réagit comme s'il fallait fuir ou te protéger.

5. La honte d'avoir "trop besoin" :
Tu te juges toi-même : "Je suis trop intense." "Je devrais me calmer." "Je vais finir par le/la faire fuir." Cette autocritique ne fait qu'aggraver ton mal-être. Tu te sens de trop, incompris(e), seul(e) dans une relation qui pourtant devrait t'élever.

Ce chapitre est une main posée sur ton cœur. Tu n'es pas "trop". Tu ressens fort, parce que tu as été blessé(e). Et ton anxiété ne fait pas de toi quelqu'un de faible, mais quelqu'un qui a besoin de sécurité, de constance, de vérité.

Ce n'est pas l'amour qui fait mal. Ce sont les blessures qu'il réveille. Et ces blessures peuvent guérir.

Chapitre 5 : Se sentir "trop" ou "pas assez"

C'est une sensation sourde et persistante : celle de ne jamais être à la bonne mesure. Trop envahissant(e), trop sensible, trop intense... Ou alors, pas assez bien, pas assez intéressant(e), pas assez digne d'être aimé(e). Ce double regard critique envers soi-même est une caractéristique centrale de l'anxiété relationnelle.

1. La peur d'être « trop » :
Tu ressens fort, tu aimes fort, tu t'attaches vite. Et tu entends souvent cette petite voix qui te dit : "Tu vas l'étouffer. Tu demandes trop. Tu montres trop." Tu te retiens, tu t'adaptes, tu te tais... par peur d'être abandonné(e) pour avoir été simplement toi. Cette peur te pousse à nier tes besoins pour ne pas déranger.

2. Le sentiment d'être « pas assez » :
À d'autres moments, tu te compares : à ses ex, à ses ami(e)s, à une image idéale de ce que tu devrais être. Tu doutes de ta valeur, tu remets en question ton apparence, ton intelligence, ta capacité à rendre l'autre heureux(se). Tu cherches à « mériter » l'amour au lieu de le recevoir dans la confiance.

3. L'origine de ce mal-être identitaire :
Souvent, ces croyances viennent de l'enfance ou d'expériences passées où on t'a fait sentir que tu devais être différent(e) pour être aimé(e). Peut-être as-tu grandi en entendant : "Tu es trop sensible." Ou bien as-tu vécu des rejets qui t'ont laissé(e) croire que ton vrai toi n'était pas suffisant.

4. Les masques qu'on porte :
Pour éviter d'être rejeté(e), tu peux adopter des comportements de camouflage : plaire à tout prix, minimiser tes émotions, devenir la personne "parfaite" qui ne réclame rien. Mais derrière ces efforts, tu t'éloignes de toi-même. Et plus tu te caches, plus tu renforces l'idée que tu n'es pas aimable tel(le) que tu es.

5. Revenir à l'amour de soi :
Ce chapitre est une invitation à remettre en question ces croyances. Non, tu n'es pas trop. Non, tu n'es pas insuffisant(e). Tu es juste toi, avec une histoire, une sensibilité, des besoins réels. Et tu as le droit d'exister pleinement, sans avoir à te diminuer ou te transformer pour être aimé(e).

Apprendre à dire : "Je suis assez, tel(le) que je suis."

Voilà le début de la réparation.

Chapitre 6 : L'hypervigilance affective

Quand on souffre d'anxiété relationnelle, on ne vit pas la relation dans la détente, mais dans une forme de surveillance intérieure permanente. C'est ce qu'on appelle l'hypervigilance affective : un état d'alerte émotionnel constant, où chaque geste, mot ou silence est analysé, interprété, anticipé.

1. Être toujours sur le qui-vive :
Tu ne vis pas la relation, tu l'analyses. Une réponse plus courte que d'habitude, un retard, une baisse d'enthousiasme... et ton esprit s'emballe. Tu t'imagines le pire. Tu te demandes ce que tu as fait de mal. Ton cœur s'accélère. Tu te tiens prêt(e) à ce que tout s'écroule.

2. Le besoin compulsif de comprendre :
Cette hypervigilance pousse à tout décortiquer : les messages, les silences, les regards, les habitudes qui changent. Tu deviens expert(e) en micro-signes, mais cette expertise t'épuise. Parce qu'au fond, tu cherches à te protéger d'un rejet ou d'un abandon, même quand rien n'indique qu'il va arriver.

3. Le cercle vicieux :
Plus tu surveilles, plus tu deviens sensible à des signaux ambigus. Et plus tu réagis à ces signaux, plus tu agis sous l'effet de la peur (messages répétés, reproches, retrait...). Ce comportement peut finir par créer des tensions qui, ironiquement, te rapprochent du scénario que tu redoutes.

4. La peur d'être pris(e) au dépourvu :
L'hypervigilance vient souvent d'un traumatisme : une rupture brutale, un

abandon soudain, un changement d'attitude qui t'a laissé(e) sans explication. Ton esprit s'est alors conditionné à anticiper pour ne pas souffrir. Mais ce mécanisme te prive du présent. Tu n'es jamais tranquille. Jamais pleinement là.

5. Apprendre à se sentir en sécurité :
Sortir de l'hypervigilance, ce n'est pas "devenir naïf/naïve". C'est retrouver un ancrage intérieur qui dit : "Je suis capable de traverser ce qui vient." Cela passe par un travail sur la confiance en soi, sur la régulation émotionnelle, et sur des relations où la clarté et la stabilité sont possibles.

Être vigilant(e), c'est une compétence.
Être hypervigilant(e), c'est une protection devenue prison.
L'amour a besoin d'un peu d'insouciance.
D'un peu de foi. D'un souffle libre.

Chapitre 7 : La peur de l'abandon et ses racines

C'est une angoisse sourde, difficile à nommer, mais toujours présente : celle d'être laissé(e), oublié(e), remplacé(e). Cette peur de l'abandon peut parasiter une relation saine et transformer chaque instant de distance en une blessure profonde.

1. L'abandon réel ou perçu :
Tu n'as peut-être pas été littéralement abandonné(e), mais tu as pu ressentir une absence affective. Un parent distant, instable, ou trop préoccupé. Une rupture inattendue. Une trahison. Ton système émotionnel a enregistré cela comme un danger. Depuis, dès que quelqu'un prend de la distance, ton cœur panique.

2. L'attente d'un départ :
Tu as du mal à croire que l'autre restera. Même quand tout va bien, tu ressens une tension intérieure, comme si tu te préparais déjà à être quitté(e). Tu t'attaches vite, fort, avec l'espoir que cette fois, l'amour ne s'enfuira pas. Mais paradoxalement, cette peur de perdre rend la relation fragile.

3. Les comportements liés :
Pour éviter l'abandon, tu peux adopter plusieurs mécanismes :
- Te suradapter pour plaire et ne pas décevoir.
- Faire des crises ou tester l'amour de l'autre.
- Te retirer brusquement pour ne pas souffrir avant l'éventuelle rupture.
- Rester dans des relations toxiques juste pour ne pas être seul(e).

4. L'enfant intérieur blessé :
Derrière cette peur se cache souvent un enfant intérieur qui a manqué de stabilité affective. Cet enfant n'a pas reçu assez de réassurance, ou a vu ses figures d'attachement s'éloigner. Il a donc appris à douter de l'amour durable, et à associer l'attachement à la douleur.

5. Recréer une base de sécurité :
Guérir de la peur de l'abandon ne se fait pas du jour au lendemain. Mais c'est possible. Cela commence par t'offrir à toi-même ce que tu attends des autres : constance, présence, douceur. Et choisir des relations où tu peux t'exprimer sans crainte d'être rejeté(e) pour tes émotions.

Ce n'est pas ton besoin d'attachement qui est le problème.
C'est le manque d'ancrage autour de ce besoin.

Tu as le droit d'aimer fort, mais tu as aussi le droit de te sentir en sécurité quand tu aimes.

Chapitre 8 : Quand tu te fais passer en dernier

Dans l'ombre de l'anxiété relationnelle, il y a souvent un schéma qui s'installe sans même que tu t'en rendes compte : celui de l'effacement de soi. Pour préserver la relation, tu t'oublies. Pour garder l'autre, tu te négliges. Et peu à peu, tu t'effaces jusqu'à ne plus te reconnaître.

1. Le besoin d'être aimé(e) à tout prix :
Tu dis oui alors que tu penses non. Tu acceptes des situations qui te blessent. Tu t'adaptes sans cesse. Pas par faiblesse, mais parce que tu crois que si tu imposes trop tes limites, l'autre s'éloignera. Alors tu t'arranges, tu excuses, tu encaisses.

2. Les signes que tu t'effaces :
– Tu ne demandes presque jamais ce que toi tu veux.

- Tu attends toujours que l'autre décide.
- Tu minimises ce que tu ressens pour éviter les conflits.
- Tu donnes beaucoup, mais tu reçois peu.
- Tu ressens de la frustration, mais tu la gardes pour toi.

Ce comportement peut même t'amener à douter de ta propre valeur. Tu t'interroges : "Suis-je digne qu'on me choisisse, même quand je ne me plie pas à tout ?"

3. Les racines de l'effacement :

Ce réflexe peut venir d'une enfance où l'amour était conditionnel : tu étais aimé(e) quand tu étais sage, utile, discret(e), performant(e). Tu as donc appris à plaire avant de penser à toi. Ce conditionnement t'a fait croire que ton bien-être passait après celui des autres.

4. Les conséquences silencieuses :
Se mettre en dernier n'est pas sans effet. Cela crée du ressentiment, de l'épuisement, et parfois même un sentiment d'injustice ou de honte. Tu peux te réveiller un jour vidé(e), avec le sentiment d'avoir trop donné, sans avoir été nourri(e) en retour.

5. Réapprendre à te choisir :
Te remettre au centre de ta vie ne signifie pas devenir égoïste. Cela signifie retrouver ton équilibre, te donner la priorité quand c'est nécessaire, poser des limites claires, exprimer tes besoins avec assurance. C'est choisir l'amour avec toi, pas contre toi.

Tu ne perdras jamais la bonne personne en étant toi-même.

Mais tu risques de te perdre à force de vouloir tout préserver, sauf toi.

Chapitre 9 : L'amour anxieux et l'attachement insécure

Aimer quand on a un style d'attachement insécure, c'est aimer avec des nœuds à l'intérieur. Des nœuds qui serrent quand l'autre prend de la distance. Des nœuds qui tirent quand tu n'es pas sûr(e) d'être aimé(e). Ce n'est pas que tu aimes trop, c'est que tu aimes avec peur.

1. Qu'est-ce que l'attachement anxieux ?
L'attachement anxieux est un style relationnel formé souvent dès l'enfance, quand les figures d'attachement (parents, tuteurs) étaient imprévisibles : parfois disponibles, parfois absentes, parfois incohérentes. L'enfant apprend alors que l'amour est incertain, qu'il peut être donné puis retiré. Adulte, il/elle va chercher à sécuriser l'amour... parfois à n'importe quel prix.

2. Comment se manifeste-t-il ?
- Une peur constante de ne pas être aimé(e) "assez".
- Un besoin d'être rassuré(e) fréquemment.
- Une hypersensibilité à la moindre variation de comportement.
- La tendance à idéaliser l'autre et à se dévaloriser.
- Une forte angoisse quand l'autre prend de la distance.

C'est une danse intérieure : tu veux te rapprocher, mais tu redoutes d'être repoussé(e). Alors tu avances avec hésitation, avec stress, avec des pensées en boucle.

3. Les conséquences dans la relation :
Ce style d'attachement rend l'amour douloureux. Même quand tout va bien, tu anticipes le pire. Tu peux faire des

reproches par peur, tester l'autre, ou t'épuiser à tout contrôler. Et souvent, sans le vouloir, tu tires vers toi des partenaires évitants, renforçant ainsi ton insécurité.

4. Reprendre le pouvoir sur son attachement :
Il ne s'agit pas de te changer radicalement, mais de rééduquer ton système d'attachement. Cela passe par :
– La conscience de tes schémas.
– Le fait de les nommer sans honte.
– Des choix de partenaires capables d'amour stable.
– Et un retour vers toi : cultiver ton autonomie, ta valeur, ta capacité à réguler ton monde intérieur.

5. Vers un attachement plus sécure :
Un attachement sécure n'est pas un amour sans peur, mais un amour où la confiance prend plus de place que

l'angoisse. C'est un amour où tu peux respirer. Où tu es aimé(e) sans avoir à le mériter chaque jour. Où tu restes toi, même quand l'autre s'éloigne un instant.

Tu mérites un amour où tu n'as pas besoin de prouver ta valeur à chaque battement de cœur.
Un amour qui reste, même quand tu doutes.

Chapitre 10 : L'effet miroir des relations toxiques

Certaines relations ne nous détruisent pas par hasard. Elles nous révèlent ce qui a toujours été là, en silence. Nos blessures, nos peurs, nos croyances profondes sur l'amour. Les relations toxiques, bien que douloureuses, fonctionnent parfois comme des miroirs émotionnels puissants.

1. Pourquoi restons-nous dans des relations qui nous blessent ?
Parce que ces relations réveillent quelque chose de familier. L'absence, l'indifférence, la critique, l'instabilité : autant de choses que tu as peut-être connues plus jeune, et que ton système affectif considère comme normales. Tu ne restes pas par faiblesse, tu restes parce que ton cerveau

identifie cela comme "amour", même si ça fait mal.

2. Le miroir de l'estime de soi :
Quand tu ne te sens pas digne d'un amour sain, tu acceptes moins. Et plus tu tolères l'intolérable, plus tu renforces cette croyance. La relation toxique reflète ce que tu crois mériter, jusqu'à ce que tu décides de changer le reflet.

3. Le miroir des non-dits et des blessures anciennes :
Tu peux te retrouver face à quelqu'un qui amplifie tes peurs :
- L'abandon, si l'autre disparaît ou fait du breadcrumbing.
- L'humiliation, si l'autre te rabaisse.
- Le rejet, si tu es sans cesse mis(e) de côté.
Ces scénarios rejouent parfois des blessures d'enfance non guéries. L'autre

devient alors le déclencheur, mais pas la racine.

4. Prendre conscience pour reprendre le pouvoir :
À un moment, tu ouvres les yeux. Tu réalises que ce que tu vis n'est pas de l'amour, mais une répétition. Ce moment est douloureux, mais il est aussi libérateur. Il permet de dire :
"Je ne veux plus ça. Je mérite mieux. Je vais apprendre à aimer autrement."

5. Transformer la douleur en élévation :
Les relations toxiques t'écrasent... ou t'élèvent, quand tu choisis d'en sortir avec conscience. Tu n'en ressors pas indemne, mais tu peux en sortir plus lucide, plus fort(e), plus aligné(e). Tu apprends à poser des limites. À écouter ton intuition. À ne plus quémander ce qui devrait être donné librement.

Ce que tu acceptes reflète ce que tu crois mériter.
Mais ce que tu choisis ensuite, c'est ce qui construit ta guérison.

Chapitre 11 : Se reconstruire après une relation instable

Après la tempête, vient le temps du calme. Mais ce calme n'est jamais instantané, ni simple. La reconstruction après une relation instable est un chemin qui demande patience, douceur et courage.

1. Comprendre la nature de la blessure
Une relation instable, marquée par l'incertitude, la rupture fréquente ou le chaos émotionnel, laisse des traces profondes. Tu peux te sentir brisé(e), dévalorisé(e), vidé(e). Reconnaître cette blessure est la première étape pour ne pas la nier ou la fuir.

2. Prendre le temps de ressentir
Il est important d'autoriser toutes les émotions : tristesse, colère, peur, soulagement. Ne pas les refouler. Pleurer,

écrire, parler à quelqu'un de confiance ou à un professionnel. Ce processus t'aide à vider le sac émotionnel.

3. Retrouver son identité
Souvent, dans une relation instable, tu as perdu de vue qui tu es vraiment. Tu as peut-être adapté tes comportements pour survivre. Maintenant, il est temps de te reconnecter à tes envies, tes valeurs, tes passions. Retrouver ce qui te fait vibrer.

4. Apprendre à se faire confiance à nouveau
Après avoir été déstabilisé(e), il est normal de douter : de soi, des autres, de l'amour. La reconstruction passe par de petits pas vers la confiance : dans tes jugements, dans ta capacité à choisir, dans ta valeur.

5. S'entourer de soutien
Ce processus est plus doux avec un entourage bienveillant. Qu'il s'agisse d'amis, de famille, ou d'un thérapeute, le partage et l'écoute apportent réconfort et perspective.

6. Se donner de l'amour à soi-même
Au cœur de la reconstruction, il y a cette nécessité de cultiver un amour propre solide. Par des gestes simples : prendre soin de son corps, pratiquer la bienveillance envers soi-même, s'offrir des moments de plaisir.

Se reconstruire, c'est un acte de courage.
C'est dire oui à une vie où tu es la priorité.
Et apprendre à aimer, enfin, avec sérénité.

Chapitre 12 : Apprendre à faire confiance à nouveau

Après avoir vécu une ou plusieurs expériences marquées par l'anxiété et l'instabilité, la confiance devient un défi majeur. Apprendre à faire confiance à nouveau, c'est réapprendre à s'ouvrir, à espérer, à se laisser aller sans peur.

1. Comprendre la nature de la confiance
La confiance n'est pas un sentiment naïf ni une absence de vigilance. C'est un équilibre délicat entre l'ouverture à l'autre et la conscience de ses propres limites. Elle se construit dans la durée, par des actes répétés et sincères.

2. Identifier les blessures qui bloquent la confiance
Parfois, c'est la peur de la trahison, la peur d'être rejeté(e) ou la peur de la

vulnérabilité qui empêche de faire confiance. Ces peurs sont souvent enracinées dans des expériences passées, qu'il est nécessaire d'accueillir et de comprendre.

3. Pratiquer la confiance progressive
Tu n'es pas obligé(e) de faire confiance d'un coup. Tu peux commencer par de petites choses : partager une pensée, exprimer un besoin, demander de l'aide. Chaque geste où tu te montres vulnérable sans être blessé(e) renforce ta confiance.

4. Se poser les bonnes questions
Est-ce que l'autre respecte mes limites ? Est-ce qu'il ou elle est cohérent(e) dans ses actes ? Est-ce que je me sens entendu(e) ? Ces questions t'aident à discerner les relations qui valent la peine d'être cultivées.

5. Apprendre à écouter son intuition
Ta voix intérieure est un guide précieux. Elle te signale les moments où tu peux t'ouvrir et ceux où tu dois rester prudent(e). Cultiver ce lien avec ton intuition te donne un pouvoir sur ta confiance.

6. Se pardonner et pardonner
Parfois, la difficulté à faire confiance vient aussi de la peur de faire confiance à nouveau après une trahison. Le pardon, autant envers soi-même qu'envers les autres, ouvre une porte vers la liberté émotionnelle.

Reconstruire la confiance est un voyage,
où chaque pas, même petit, est une victoire.
Tu as le droit d'aimer, d'oser, et de croire.

Chapitre 13 : Les outils pour gérer l'anxiété au quotidien

L'anxiété relationnelle peut être un poids lourd à porter, mais elle ne doit pas contrôler ta vie. Il existe des outils concrets, simples et efficaces pour apaiser ton esprit, retrouver ta paix intérieure et avancer sereinement dans tes relations.

1. La respiration consciente
Respirer profondément, en pleine conscience, permet de calmer le système nerveux. Quelques minutes, plusieurs fois par jour, en inspirant lentement par le nez et en expirant doucement par la bouche, suffisent pour diminuer le stress et recentrer tes pensées.

2. La méditation et la pleine conscience

Pratiquer la méditation aide à observer tes pensées anxieuses sans te laisser submerger. La pleine conscience t'ancre dans le moment présent, évitant les scénarios catastrophiques que ton esprit anxieux adore imaginer.

3. L'écriture thérapeutique
Tenir un journal pour exprimer tes peurs, tes doutes et tes ressentis permet de les extérioriser. Cela crée une distance avec tes émotions et favorise la prise de recul.

4. La visualisation positive
Imaginer des scènes positives, des relations apaisées, des moments de confiance, aide à reprogrammer ton cerveau pour accueillir plus de sérénité.

5. L'affirmation de soi
Apprendre à dire non, poser des limites, exprimer tes besoins clairement est un

outil puissant pour réduire l'anxiété en relations. Plus tu te respectes, plus tu te sens en sécurité.

6. Les activités physiques
Le sport, le yoga ou simplement la marche en plein air libèrent des endorphines, hormones du bien-être, et diminuent la tension physique liée à l'anxiété.

7. Demander de l'aide
Parfois, le soutien extérieur est indispensable. Thérapeute, groupe de parole, proche de confiance, tous ces appuis sont des ressources précieuses pour traverser l'anxiété.

L'anxiété est une alarme, pas une condamnation.

Avec les bons outils, tu peux la transformer en signal pour mieux te connaître et t'aimer.

Chapitre 14 : S'autoriser à aimer sainement

Après avoir traversé l'anxiété et la douleur, vient ce moment crucial : celui où tu te permets enfin d'aimer autrement, d'aimer sainement. S'autoriser à aimer sainement, c'est choisir une relation basée sur le respect, la confiance, la liberté, et l'authenticité.

1. Définir ce qu'est un amour sain
Un amour sain ne nie pas les difficultés, mais il se construit sur des bases solides :

La communication honnête et bienveillante

Le respect des besoins et des limites de chacun

La confiance mutuelle sans possessivité excessive

La liberté d'être soi-même sans peur du rejet

2. Briser les schémas répétitifs
Pour aimer sainement, il faut identifier et déconstruire les anciens schémas toxiques ou anxieux. Cela demande du travail intérieur, de la patience, et souvent un accompagnement. Le but est de ne plus reproduire les blessures du passé.

3. Cultiver l'estime de soi
L'estime de soi est la clé d'un amour sain. Elle t'aide à poser tes limites, à choisir des partenaires respectueux, et à ne pas accepter moins que ce que tu mérites.

4. Apprendre à poser des limites claires
Les limites ne sont pas des murs, mais des frontières respectueuses qui protègent ton espace intérieur. Elles permettent à la relation de s'épanouir sans empiéter sur ton identité.

5. S'ouvrir à la vulnérabilité
Aimer sainement implique aussi d'oser être vulnérable, sans craindre d'être brisé(e). Cette ouverture crée une intimité authentique et profonde.

6. S'engager dans des relations équilibrées
Un amour sain est un échange équilibré où chacun donne et reçoit, où la relation nourrit au lieu d'appauvrir.

S'autoriser à aimer sainement, c'est un cadeau que tu te fais,
c'est la promesse d'une vie affective épanouie et apaisée.

Chapitre 15 : Vivre une relation apaisée et épanouissante

Après avoir traversé l'anxiété, reconstruit ta confiance et appris à aimer sainement, le chemin mène à une étape où la relation devient un espace de paix et de croissance mutuelle.

1. La communication consciente et respectueuse
Dans une relation apaisée, les échanges sont ouverts, honnêtes et empreints de respect. On écoute sans juger, on exprime ses besoins sans agressivité, et on cherche à comprendre l'autre.

2. Le respect des différences
Accepter que l'autre ait ses propres émotions, rythmes et façons d'être, sans chercher à le changer, est essentiel pour une relation équilibrée.

3. La gestion sereine des conflits
Les désaccords sont inévitables. Ce qui fait la différence, c'est la manière dont ils sont gérés : avec calme, empathie et volonté de trouver des solutions ensemble.

4. L'autonomie dans la relation
Chacun garde sa liberté, ses amis, ses passions. Cette autonomie nourrit la relation, évitant la dépendance émotionnelle.

5. La construction de projets communs
Partager des rêves, des objectifs, des moments de vie crée un sentiment d'unité et de complicité.

6. La gratitude et l'appréciation
Exprimer régulièrement sa gratitude pour l'autre et pour ce que la relation apporte renforce les liens et favorise le bien-être.

Vivre une relation apaisée et épanouissante, c'est
offrir et recevoir un amour nourrissant, profond, et durable.
C'est enfin trouver la paix dans le lien.

Merci à toi, lecteur ou lectrice, d'avoir eu le courage d'ouvrir ce livre et d'ouvrir ton cœur. Tu mérites un amour paisible, en toi et autour de toi.

© 2025 Harmonie J.

Édition : BoD · Books on Demand, 31 avenue Saint-Rémy, 57600 Forbach, bod@bod.fr

Impression : Libri Plureos GmbH, Friedensallee 273, 22763 Hamburg (Allemagne)

ISBN : 978-2-8106-1252-9

Dépôt légal : Mai 2025